LA PHILOSOPHIE

DES

SANS-CULOTTES,

OU

ESSAI d'un Livre élémentaire, pour servir à l'éducation des Enfans.

PRÉSENTÉ le 3 Brumaire au Comité d'Instruction publique de la Convention Nationale.

Corrigé depuis et augmenté

Par NICOLAS PETTERSSON.

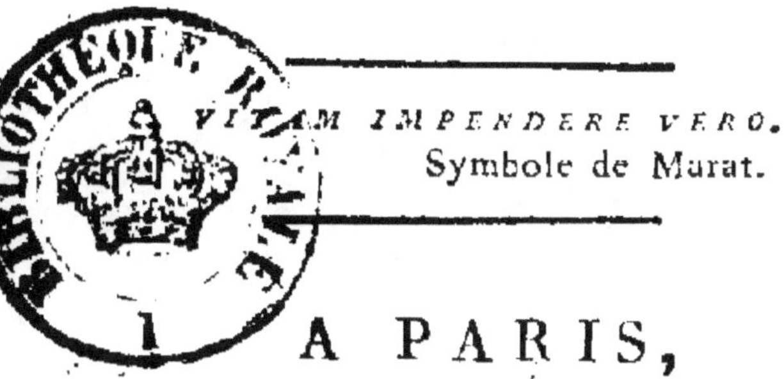

VITAM IMPENDERE VERO.
Symbole de Marat.

A PARIS,

Chez FUCHS, Libraire, quai des Augustins n° 28.

L'an 3e de la République.

PRÉFACE.

Il est enfin venu ce temps heureux où la vérité peut être librement publiée. Cette lumière émanée de l'auteur de la nature n'a pas besoin de l'inutile parure des poètes et des orateurs. Simple et pure, elle en est plus capable d'éclairer les hommes sur leurs véritables intérêts. C'est une honte pour les gens de lettres, que tant de génies sublimes aient cherché plutôt à séduire qu'à instruire leurs semblables. Ils vantent la Liberté tant qu'elle les comble de richesses et de dignités ; mais dès qu'ils espèrent obtenir plus de faveur de la tyrannie, leur encens brûle aussitôt à son honneur. Il n'y a presqu'aucune erreur qui n'ait été chantée par quelque poète et prônée par quelque orateur. L'athéisme même, la source de tous les vices, a été comme déifié par les charmes séducteurs dont ils l'environnoient. Je chéris un écrivain qui, oubliant l'intérêt personnel, consacre son temps et ses talens à la vérité et à l'affermissement de la première *République* du monde ; mais je déteste tout auteur ou journaliste, qui regardent leur ouvrage comme un métier dont ils tirent profit aux dépens du vrai et de l'utilité publique. En écrivant cet essai, mon intention a été d'être utile à ces vertueux citoyens, qui font un sacrifice généreux de leur vie pour défendre la Liberté de l'espèce humaine, qui forgent les foudres dans les ateliers pour anéantir les tyrans, qui arrosent les champs de leur sueur pour fournir la nourriture et à nous et à nos braves défenseurs. Lecteur! je suis ton ami sans te connoître, aime-toi un moment toi-même pour réfléchir si l'homme peut être plus heureux que sous le règne de la Liberté et des Lois.

LA PHILOSOPHIE

DES

SANS-CULOTTES.

CHAPITRE I.er

Du Bonheur des Hommes.

§. I.er

De l'Homme.

L'HOMME est composé de deux parties différentes, l'ame qui pense, et le corps qui se meut. Il y a une harmonie entre ces deux parties. La Psycologie nous expliquera beaucoup de phénomènes qui résultent de ce rapport admirable ; mais la plus grande part en sont inexplicables. Qu'il nous suffise de savoir que notre ame souffre des infirmités du corps , que le corps s'affoiblit des afflictions de l'ame , qu'il nous faut l'esprit et le corps sain pour vivre heureux. Les philosophes se sont donné trop de peine pour prouver que l'ame étoit immatérielle. Nous ne connoissons pas toutes les qualités de la matière, et c'est une folle témérité de prétendre que Dieu ne sauroit former une matiere qui pense. Pour décider là-dessus , il faudroit avoir vu toutes les compositions matérielles possibles, et connoître parfaitement toutes les qualités de la matière la plus fine, même de celle qui échappe à nos sens. Tous leurs raisonnemens se réduisent enfin à cette argumentation. Nous n'avons vu aucune matière qui pense, il est donc impossible qu'il y en ait. Que diriez-vous de ce voyageur qui, après avoir parcouru une partie de l'Europe, viendroit dire : Il n'existe pas d'hommes de couleur, car par-tout j'ai trouvé des hommes d'une peau aussi blanche que la mienne.

Autrefois, on vouloit prouver l'existence d'une vie à venir par la spiritualité de l'ame. Aujourd'hui on soutient le contraire, comme une suite de sa matérialité ; mais les deux partis ont également tort. Il ne faut pas décider avec tant de précipitation, car tout ce qui a commencé peut avoir une fin. L'auteur de la nature peut annihiler un être immatériel, s'il en existe. Il peut même donner une existence sans fin à un être matériel. Nous ne pouvons nous former aucune idée d'une chose immatérielle ; et quand je dis spiritualité de l'ame, je dis un rien. Il est donc probable qu'elle est matérielle ; mais il n'est pas moins probable qu'elle existera après notre mort, ce que je vais démontrer dans le §. 7. du second chapitre. La certitude d'une vie à venir nous est essentiellement nécessaire ; mais il nous importe peu de savoir, si notre ame est matérielle ou non.

§. II.

Le but de la création.

Au commencement, Dieu a créé un homme et une femme,

ou plusieurs hommes des deux sexes. Toutes les générations qui se sont suivies sur notre terre doivent leur origine aux premiers créés. Le but de la création doit nécessairement tendre au bonheur des êtres vivans. Ceux qui admettent un autre but, regardent Dieu comme un homme ambitieux, qui cherche sa gloire dans ses entreprises. Le bonheur de l'homme consiste dans la jouissance d'une bonne santé, d'une bonne conscience, et de tout ce qui est nécessaire pour subsister.

§. III.

De la santé.

Pour conserver la santé, il faut journellement une occupation qui mette tous les membres du corps en mouvement. Les habitans de la campagne qui travaillent, sont plus robustes que ceux de la ville. Les gens de lettres qui mènent une vie sédentaire, sont accablés d'un grand nombre d'infirmités. Il faut vivre sobrement ; la nature se contente de peu de choses. Tout ce qui est trop chaud est nuisible : la cha-

B

leur intérieure de l'estomac suffit pour bien digérer. Plus on approche de la nature, plus on est sûr de ne pas nuire à la santé. Les mets les plus simples sont les plus sains. Les viandes ou légumes apprêtés avec beaucoup d'art sont les plus dangereux.

Cherche à suivre en tout point la sage tempérance.
Un corps robuste et sain en est la récompense.

Les maladies ne sont pas un mal nécessaire dans ce monde, au contraire elles sont une suite de notre imprudence Quand les premiers Européens arrivèrent à O-

taïti, ils ne trouvèrent ni malades
ni pauvres parmi ces insulaires
fortunés. Sans la santé point de
bonheur sur la terre. Tous les
agrémens de la vie sont insipides
au malade ; pour lui l'âge mûr
est plein de douleurs et la vieillesse insupportable. Il est donc
de la dernière importance de prévenir les maladies avant qu'il soit
trop tard. Nos ancêtres ont trop
long-temps différé un soin si nécessaire , et leur état a été bien
déplorable. En se confiant aux
médecins, quelquefois leurs maux
ont été soulagés, quelquefois ils
ont augmenté, et souvent ils ont

trouvé la mort au lieu de remède. Leur ruine a toujours été certaine en tombant entre les mains des charlatans ; et comment les discerner des vrais médecins? Le sage se méfie des uns et des autres, ils trouvent leur profit dans les maladies fréquentes et prolongées. Ils les aiment, comme un accapareur de blé chérit la disette des grains. Ils ont écrit de gros volumes sur leurs différentes manières de traiter les maladies, sans nous dire comment vivre dès l'enfance pour éviter les maladies et pour se former un corps robuste et sain. Cadugan médecin anglais

est presque le seul qui ait eu assez
de désintéressement pour mettre
au grand jour la fourberie des
médecins et l'inutilité de leurs
prétendus remèdes en beaucoup
d'occasions. Son livre sur les maladies chroniques, mérite d'être
traduit dans toutes les langues.
Les médecins de tous les pays
l'ont traité d'ignorant ; mais sa
mémoire sera chère aux vrais phi-
lanthropes de tous les siècles.

§. IV.

De la Conscience.

Quand nous sommes persuadés
que nous avons rempli nos de-

voirs, soulagé les maux de nos semblables, contribué au bonheur d'autrui, j'appelle ce témoignage intérieur une bonne conscience. Cette conviction nous est essentiellement nécessaire pour vivre heureux. La voix de la conscience peut être pour un temps étouffée, mais jamais entièrement détruite. Celui qui par des voies iniques s'est élevé à une grande fortune, ou qui par injustice s'est emparé des biens d'autrui, aura crainte que l'on ne dévoile ses menées criminelles, que l'on ne punisse ses forfaits, que l'innocence outragée ne trouve le moyen de se venger de lui, qu'un plus puissant ne le persécute de la même manière qu'il a persécuté ses semblables. Ces idées le suivront par-tout, troubleront ses plaisirs; et son sommeil même sera interrompu par des songes affreux. Il sera aussi tourmenté par l'idée d'une vie à venir. Il a beau prétendre qu'il est de l'opinion des athées; c'est une vaine ressource, qui ne calmera point ses inquiétudes. Plus il approche de la mort, plus il sera saisi d'une cruelle incertitude : Car méfiez-vous de cet imbécille qui crie, Tout est fini avec la mort ; il flotte lui-même dans l'incertitude , souvent il craint ce qu'il nie, et il n'est jamais parfaitement persuadé de ce qu'il avance. Au contraire l'homme vertueux qui lutte avec l'adversité , sait que l'Etre Suprême connoit son innocence , et se nourrit de l'espérance consolante que ses vertus seront tôt ou tard récompensées. Dans la prospérité il jouira sans trouble de tous les agrémens de la vie. Il peut être injustement accusé, persécuté , condamné même, mais son témoignage intérieur diminuera ses maux. Voilà une consolation dont il jouira malgré toutes les puissances du monde. Je suis persuadé que Socrate, lorsqu'il but la ciguë, n'auroit pas voulu changer son sort contre celui de ses oppresseurs.

§. V.

De l'acquisition des biens.

Pour vivre heureux il faut chercher à augmenter ses biens, à acquérir tous les jours, afin d'être en état de soutenir sa famille, élever ses enfans, avoir de quoi subsister dans un temps de malheur, en cas de disette ou de maladie, pendant la vieillesse, et pour avoir de quoi prêter assistance à un concitoyen moins heureux. Pour y parvenir, il est permis de se servir de tous les moyens qui ne sont point prohibés par la loi et qui ne nuisent pas au droit d'autrui. Dans cette République heureuse, tous ceux qui par leur travail multiplient les productions de la terre, ou qui par leurs lumières ont fait des progrès dans le commerce, des découvertes importantes aux arts ou métiers, ont bien mérité de la Patrie. Les hommes sont tous égaux ; c'est pourquoi cha-

que individu qui cultive la terre,
vit de son industrie, s'applique
à l'utile ou à l'agréable, en un
mot, qui s'occupe d'une chose
quelconque permise par les lois,
a également droit à l'estime de
ses concitoyens. L'émulation est
permise et nécessaire , tout
homme doit faire ses efforts pour
se signaler parmi ses égaux. Le
plus vertueux, le plus habile, le
plus éclairé sera par conséquent
le plus estimé, le mieux récompensé.

§. VI.

La cause des malheurs qui existent sur la terre.

La félicité des êtres créés est le but de la création. Chaque mortel veut son bonheur. Cette inclination nous est innée, et elle est inséparable de la nature humaine. Malgré cela presque partout les hommes sont malheureux : mais cela vient de la fausse idée qu'on a du bonheur. Les uns le cherchent dans un état d'inaction ; mais l'ennui inséparable de l'oisiveté les poursuivra sans cesse. Les autres le veulent trouver dans les débauches ; mais la perte de leurs biens et les infirmités du corps en seront la suite. D'autres le supposent dans un état au-dessus de leurs semblables , et pour y atteindre ils sacrifient conscience , honneur et devoirs. L'intérêt personnel est le seul motif de toutes leurs actions ; mais au lieu de bonheur, ils trouvent de cuisans remords , crainte et mécontentement. Jusqu'à nos jours , lois , religion et gouvernement, tous ont été comme d'accord pour détruire la félicité des hommes. Les lois étoient iniques et part'ales, tendantes uniquement à favoriser les riches et à opprimer les pauvres. La religion dictoit que le repentir suffit au plus grand criminel pour expier les plus grands forfaits. Par quelques cérémonies religieuses, comme la sainte cène, la messe, quelques prières, ils croyoient avoir tout-à-fait liquidé le passé, et après cela ils recommençoient à vivre comme auparavant Le gouvernement enfin s'occupoit uniquement à augmenter les contributions, et il y avoit autant de tyrannies, qu'il se trouvoit de charges dans l'état. L'occupation la plus nécessaire, celle de cultiver la terre, étoit couverte d'ignominie. Un habitant de la campagne croyoit avoir mis son fils au sein du bonheur, quand il lui avoit obtenu une place de valet chez un Seigneur. Une belle fille croyoit sa fortune faite, en devenant maîtresse d'un noble qui souvent, après l'avoir deshonorée, la laissoit périr dans la misère. Les rois, les nobles, les prêtres prétendoient avoir le droit de maltraiter tous les autres à leur caprice. Les juges vendoient la justice au plus offrant. Les riches se moquoient des lois, et commettoient impunément les plus grands crimes. Ils se vantoient même de leur vie scandaleuse. Le peuple ignoroit ses droits, ou s'il les connoissoit, il falloit souffrir et se taire ; car d'en parler étoit regardé comme un crime capital. Voilà les sources des maux qui ont inondé toute la terre : et comment trouver le bonheur dans ce désordre universel ?

CHAPITRE II.

De la création de l'univers.

§. Ier.

De l'existence de l'Etre Suprême.

IL existe un seul Dieu doué de toutes les perfections possibles. Il a
toujours existé tel qu'il est. Nous
ne pouvons comprendre un être
sans commencement ; aussi pour
comprendre Dieu, il faudroit être
Dieu lui-même. Il est distincte-

ment séparé de l'univers, et tout ce qui existe lui doit son origine. Quand je vois une maison où les pierres taillées d'une forme égale sont mises les unes sur les autres, où tout est bien prémédité et arrangé, je conçois clairement qu'elle n'a pas été construite ni d'elle-même ni par un hasard ; mais qu'il y a eu un architecte, qui en a tracé le plan et en a surveillé l'exécution. L'univers présente un ordre bien plus admirable, une combinaison bien plus sage, que ne nous offre le plan d'une maison, et nous concevons aussi clairement que l'univers ne doit son origine et son arrangement ni à lui-même ni au hasard, mais qu'il y a eu un être intelligent, séparément préexistant, qui en est la cause primitive. Ces vérités sont si claires qu'elles n'ont besoin d'aucune démonstration. Si je demande à un enfant ou à un homme qui ne sait ni lire ni écrire : Qui est-ce qui a fait le soleil ? Qui est-ce qui l'a doué de cette propriété de se coucher ou de se lever dans un temps fixe et déterminé ? Qui est-ce qui a si sagement arrangé l'univers ? Il répondra sans hésiter : C'est Dieu, c'est l'Etre

Suprême qui est l'auteur de toutes ces merveilles ; du moins il
rendra une telle réponse dès
qu'on lui aura expliqué tous ces
termes. Celui qui prétend trouver
la même clarté dans le système
de l'athéisme est ou un imposteur
ou un homme égaré qui, à force
de spéculations, a perdu le sens
commun. L'un et l'autre sont
dangereux dans l'état ; mais si
tout homme de bien doit détester celui-là, celui-ci est plus
digne de notre compassion que
de notre haine.

S'ils n'existoient pas ces livres,
dans lesquels l'athéisme est ré-

duit en système, et si l'expérience ne nous faisoit connoître des hommes, dont les discours et la conduite prouvent qu'ils ont secoué toute idée de l'existence de Dieu ; on seroit bien porté à croire, qu'un être raisonnable ne sauroit être athée, et qu'un athée seroit un phénix qui existe seulement dans notre imagination : mais il faut observer qu'il y a quelques esprits opiniâtres qui ne veulent croire que ce qu'ils peuvent comprendre, oubliant que Dieu ne seroit pas Dieu s'il étoit compréhensible. Au reste la pluspart des athées sont bien persuadés de l'existence de Dieu, mais ils le nient dans leurs discours ou dans leurs écrits, afin d'avoir l'air de surpasser les autres en esprit et en talens, et pour nous persuader qu'ils ont approfondi la vérité avec plus de succès que leurs semblables.

§. II.

De la Création de l'univers.

Il y a un espace vide, sans bornes, où flottent les corps créés. Chaque étoile fixe est un soleil comme le nôtre, qui doit éclairer un grand nombre de globes semblables à notre terre. Le nombre des soleils est si grand que nous ne pouvons l'exprimer, celui des autres globes doit donc être plus grand encoie. Dieu a rempli tous ces corps célestes d'êtres vivans; et parmi eux doivent se trouver des créatures intelligentes, de même que les hommes sur notre globe se distinguent des autres animaux par les lumieres de la raison. Les étres intelligens qui habitent les autres planètes ou comètes sont probablement plus ou moins parfaits que nous. Il y a une distance infinie entre Dieu et nous. Cette gradation de perfections est donc plus grande que nous ne saurions l'imaginer. Il doit exister des êtres intelligens qui sont des millions de fois plus parfaits que nous et de même nous en surpassons d'autres en perfection, mais tous sons assez parfaits dans leur genre pour jouir d'un bonheur convenable au lieu où ils ont été placés. Si les habitans du Soleil, d'une Comète, de Jupiter, nous surpassent en sagesse, il nous suffit dans notre situation présente, d'être doués de toutes les qualités nécessaires pour nous procurer toute la félicité dont nous sommes susceptibles, et d'être pourvus de la faculté d'améliorer notre état de plus en plus.

§. III.

Du mal moral et physique.

Les philosophes de tous les temps se sont trop occupés de l'existence du mal moral et physique, qu'ils n'ont pas su concilier avec la sagesse et la bonté divine. Mais nous admettons avec *Leibnitz* que nous sommes aussi parfaits que nous devions être pour répondre au but que Dieu s'est

D

proposé en nous plaçant dans cette série des êtres créés ; car, dans le cas contraire, Dieu nous auroit créés autrement. Au reste, c'est une témérité de prétendre pénétrer toutes les voies divines. Au lieu de faire des efforts inutiles pour tout approfondir, soyons contens des qualités dont nous sommes pourvus, tâchons de les perfectionner, et nous serons plus heureux de jour en jour. On s'égare facilement quand on veut comprendre ce qui n'est pas à la portée de l'homme. Une telle tentative a induit les plus grands philosophes en erreur

L'expérience nous dit que Dieu nous a laissés à nos propres forces pour nous conduire, qu'il nous a donné la liberté de choisir ntre le bien et le mal. Sans nous occuper de ce qui l'a déterminé à nous donner cette liberté dont nous avons si souvent abusé pour notre malheur, évito s le mal et choisissons le bien ; et l'âge d'or renaîtra sur la terre. Il ne tient donc qu'à nous d'être heureux. Je vais démontrer dans les paragraphes suivants que nous sommes doués des qualités nécessaires pour pouvoir l'être.

§. IV.

Du sens interne.

Dieu nous a créés aspirans au bonheur. Il n'est pas vrai que nous soyons plus inclinés au mal qu'au bien ; car une action mauvaise est toujours suivie d'inquiétude, et nous éprouvons des sensations agréab'es quand nous avons rempli nos devoirs. Nous ne sommes jamais plus satisfaits que quand nous avons contribué au bonheur d'autrui. Cette inclination heureuse que j'appelle le sens interne, fait le même effet chez nous que l'instinct produit chez les brutes. Elle nous invite à chaque instant à choisir le meilleur : elle est donc un guide sûr dans toutes nos actions. Malheur à celui qui l'a perdue par une mauvaise habitude ! il ressemble à un aveugle égaré qui, à chaque pas, est prêt à tomber dans le précipice.

§. V.

Du sens commun.

Pour nous mettre à portée de mieux régler notre conduite, Dieu nous a donné aussi la raison ou le sens commun, en vertu duquel nous savons discerner le bien d'avec le mal, comparer les objets différens, former des plans pour améliorer notre état, prévoir les résultats de nos entreprises. Cette lumière céleste ne nous trompe jamais, si elle n'est pas obscurcie par des préjugés invétérés, ou dépravée par une mauvaise éducation. On voit ses bons effets chez le peuple, qui sait prendre le plus juste parti, même dans les circonstances les plus délicates, dès qu'il n'est pas séduit par les belles paroles des intrigans astucieux qu'on nomme prêtres ou tyrans. Les ennemis de l'humanité ont fait tous leurs efforts pour anéantir le sens commun. Ils ont eu recours aux mensonges qu'on a appelés les ordres de Dieu, sachant que chaque être intelligent a horreur de s'opposer à l'Etre-Suprême. Ils en ont profité pour séduire les hommes. Le premier pas dans le chemin des égaremens une fois fait, ces séducteurs ont tout brouillé, et la vérité enveloppée comme dans un nuage épais a été difficile à découvrir. Souvent ils ont persécuté, exilé ou tué tous ceux qui ont osé la répandre. Socrate but la ciguë ; Rousseau fut chassé de ville en ville ; et mille autres ont subi le même sort Quelquefois ils ont donné de grandes récompenses aux écrivains pour les engager à se taire ou à changer de langage. Mais tous ces efforts ont été insuffisans pour détruire le sens commun. On l'a vu renaître dès que l'on a joui de la liberté de la presse. Pour le conserver sain, il faut être en garde contre les préjugés, il faut tout examiner sans se laisser eblouir par aucune autorite humaine. Il faut rejeter tout ce qui lui répugne. Newton et plusieurs autres philosophes ont mal observé cette règle. Ce grand homme, qui fit tant de découvertes lumineuses, a aussi écrit un commentaire sur l'Apocalypse.

§. VI.

Des motifs pour chercher le bonheur.

Enfin Dieu nous a donné de grands motifs pour nous engager à suivre continuellement le chemin qui mène au bonheur, en attachant des récompenses aux bonnes actions et des peines aux mauvaises. En faisant tort à mon semblable je deviens triste ; en soulageant ses 〃 aux je goûte un plaisir doux et ravissant. Les maladies et la pauvreté sont la suite de l'oisiveté et des débauches. Les emportemens momentanés de la colère nous préparent souvent des malheurs d'une très-longue durée.

Pour réprimer le vice, et pour consoler la vertu qui est souvent souffrante pendant notre route vers l'eternité, Dieu nou a aussi donné une idée d'une vie à venir où il récompensera les hommes vertueux et punira les mechans. Il répugne à la bonté et à la justice divine de rendre ses créatures éternellement malheureuses pour des crimes ou fautes d'une très-courte durée. Nous ne pouvons pas déterminer en quoi consiste le châtiment futur, mais il est sans réplique que la vertu sera plus heureuse que le vice, et que l'homme le plus vertueux sera le mieux récompensé.

§. VII.

De l'existence d'une vie future.

Il existe une vie à venir ; car, s'il n'y en avoit pas, l'idée ne nous en seroit pas venue dans l'esprit. C'est une idée qui occupera et tourmentera toujours les hommes. Elle les empêche de se servir de beaucoup de moyens pour améliorer leur état présent, elle les oblige de s'abstenir des objets les plus chers à leur cœur, elle les persuade d'être désintéressés, elle les force souvent à faire de grands sacrifices pour contribuer au bonheur d'autrui. Nous voyons par là que si tout étoit fini avec la mort Dieu auroit fait une grande injustice en nous laissant parvenir à une idée si contraire au bonheur des hommes vertueux. Dans ce cas, il

seroit tout-à-fait indifférent à
l'égard du bonheur de ses créatures. Il a prévu les suites de cette
idée, et par conséquent il favori-
seroit les méchans qui cherchent
à renverser l'ordre qu'il a établi.
Il haïroit même la vertu et la
probité : car, supposons un diffé-
rend entre le méchant et l'homme
de bien. Celui-ci se défend d'une
manière loyale, au lieu que
l'autre emploie tous les moyens
possibles, même le poison et
l'assasinat, pour parvenir à son
but. Voilà des armes inégales, et
l'homme vertueux succombera
toujours. En admettant le prin-

E

cipe de la mortalité de l'ame, l'homme doit borner tous ses soins à rendre cette vie agréable, sans se soucier de l'état des autres. Cette morale est même bien dangereuse dans la société. Catilina voulut incendier Rome, César son défenseur allégua parmi d'autres raisons, que Catilina étoit de l'opinion que tout étoit fini avec cette vie, ce qui l'avoit déterminé à chercher son bonheur aux dépens même de ses concitoyens; mais les Sénateurs, sans s'occuper de réfuter l'opinion de César, lui répondirent qu'il étoit un mauvais citoyen dans l'état. On vantera tant qu'on voudra la probité des athées, je n'en crois rien ; car ils seront vertueux autant qu'ils y trouveront leur profit ; mais, aussitôt qu'ils pourront tirer plus d'avantages du vice, ils suivront l'exemple de Catilina.

Toutes les nations policées ont professé cette vérité. Chez tous les peuples on a regardé comme un axiome cette proposition : Dieu est juste ; mais, en observant que la vertu étoit très-souvent méconnue dans cette vie et que le vice triomphoit, on a cru avec raison qu'il y avoit une

vie à venir où Dieu réparera le
tort fait à des gens vertueux dans
ce monde. Consultons l'histoire,
elle nous dira qu'il y a toujours
eu des méchans, qui par les plus
grands forfaits se sont élevés à
un état très-envié. Ils ont opprimé l'innocence, trahi la patrie,
ruiné beaucoup de familles, se
sont emparés de leurs biens dont
ils ont joui tranquillement, tan-
dis que leurs malheureuses vic-
times ont péri de misère ou dans
les cachots. Les despotes ont par
ambition, par intérêt, ou même
par caprice, fait massacrer des
millions d'hommes et laissé des

familles innombrables en proie à
tous les malheurs, pendant que
ces monstres ont nagé dans les
plaisirs. D'un autre côté il y a eu
des hommes qui n'ont jamais
voulu s'écarter du sentier de la
vertu. Le gain de la moitié du
monde ne les auroit pas engagés
à être injustes. Ils ont préféré la
misère la plus affreuse, à une opu-
lence qui auroit été le fruit du
crime. L'exil, les chaînes, les tor-
tures et la mort même n'ont pas
eu assez de force pour ébranler
leur constance. Si notre existence
après cette vie étoit une fiction,
Dieu seroit bien injuste, et je dé-

plorerois le sort de tous les gens
vertueux. Mais Dieu ne peut pas
être injuste, et c'est sur ce premier principe que je fonde ma
douce espérance d'une vie à venir. Enfin les hommes les plus
éclairés, Socrate, Caton, Rousseau &c. ont été de mon opinion.
Ce n'est pas seulement par leurs
écrits, mais principalement par
une vie sans reproches qu'ils ont
prouvé leur conviction intime des
vérités qu'ils ont professées.

Déterminé par totues ces raisons, je croisque l'existence d'une
vie à venir est suffisamment dé-
montrée ; il me reste maintenant

à réfuter les principales objections des athées.

1°. Ils disent que l'ame consiste peut-être dans la chaleur vivifiante, ou qu'elle n'est que le feu élémentaire qui par la circulation du sang fait naître nos idées et fait mouvoir le corps, ou pour parler plus clairement, que l'ame est matérielle, et par conséquent tout-à-fait détruite par la mort. Mais je demande d'où ils ont puisé cette connoissance. Elle est uniquement fondée sur un jeu de l'imagination. Je puis m'imaginer les choses les plus absurdes sans que pour cela elles existent. Au reste la mortalité de l'ame ne suit pas de sa matérialité; car Dieu peut donner une existence sans fin à un être matériel.

2°. Ils prétendent que la persuasion d'une vie future est tout-à-fait inutile dans la société, parce que dans les temps où l'on en étoit bien persuadé, elle n'influoit pas sur les actions des hommes. Ils commettoient les plus grands crimes sans craindre le châtiment futur.

J'avoue bien qu'il y avoit un grand nombre de méchans qui vivoient comme s'il n'y avoit point de vie future ; mais il est incontestable que la religion a fait beaucoup de bien à la société, car il se trouvoit beaucoup de personnes qui la suivoient à toute épreuve. Le monde a été bien méchant, mais il auroit été infiniment plus méchant encore, si toute l'espèce humaine eût été sans religion. Il faut observer que quand je parle ici de religion, j'entends la religion naturelle, ou les préceptes de la saine raison, qui disent: Sois juste, bienfaisant, et remplis tes devoirs aux dépens de ta vie. Si tes semblables méconnoissent tes vertus, souviens-toi que l'auteur de tes jours te voit, qu'il existe une vie à venir où tu seras suffisamment récompensé.

3°. Ils supposent que la sévérité des lois suffit pour réprimer les vices, que l'amour et l'estime de ses concitoyens sont un assez puissant motif pour exciter l'homme aux bonnes actions, et que l'existence d'une autre vie est seulement inventée pour consoler les gens vertueux.

Je réponds qu'il se trouve bien des circonstances où les malveillans savent se mettre à l'abri de la rigueur des lois. Ils trouveront beaucoup de moyens de les éluder; et alors, qui est-ce qui mettra un frein à leurs desirs effrénés? Rien, ils vendront leur patrie et trahiront les devoirs les plus sacrés.

Il est vrai que quelques bienfaiteurs du genre humain ont joui de la douce satisfaction d'être chéris de leurs concitoyens, mais le vrai mérite est souvent méconnu. Une vie sans tache est un reproche aux yeux du méchant; c'est pourquoi l'homme vertueux sera toujours exposé à la haine des malveillans. Ils le persécuteront dès qu'ils trouveront moyen de le faire sans risque. Aristide fut banni d'Athènes, parce qu'il surpassoit tous les autres en justice. Caton fut forcé de finir ses jours par le poignard, afin d'éviter de tomber entre les mains des tyrans de Rome. Rousseau fut chassé de Genève parce qu'il étoit l'auteur d'*Émile*. Chalier subit la peine de mort comme un traître à la patrie. C'est presque toujours après la mort qu'on a reconnu les vrais amis de l'humanité. Il est beau d'être regretté après sa mort; mais combien de traits de générosité ne sont pas oubliés ou méconnus ? L'histoire n'en parlera pas, ou les transmettra à la postérité sous un faux jour. Enfin pourquoi décourager la vertu ? Pourquoi priver son disciple d'une consolation qui lui est si nécessaire quand il succombe sous la rage des méchans ? La vertu n'est-elle pas nécessaire dans la sociéte ? Est-ce donc le crime que l'on doit encourager ? Montesquieu dit, avec raison, qu'une sévère vertu est le principe d'un gouvernement républicain ; car, sans elle, la liberté seroit licence. Dans le despostisme, c'est la crainte qui fait agir : dans la monarchie l'honneur peut suppléer à la vertu. Dans l'aristocratie la vertu est nécessaire, mais elle est plus nécessaire encore dans la démocratie. Si la croyance d'une vie future étoit une prevention, elle seroit le seul préjugé qui contribueroit au salut de la société.

Il est aussi digne de remarque que les fauteurs de l'athéisme ne sont pas persuadés eux-mêmes de la vérité de leurs assertions. Comme j'ai dit auparavant, quelques uns nous veulent montrer l'excellence de leur génie : d'autres voguent à la merci des doutes, ne sachant le parti qu'ils doivent prendre : d'autres, et principalement les méchans, sont tourmentés par une affreuse incertitude, en disant en eux-mêmes : Il est vrai peut-être qu'une vie à venir existe, et dans ce cas nous serions exposés à la justice divine. Ils seront saisis de crainte, et cette crainte augmentera à mesure qu'ils approcheront du terme de la vie. Voilà leur certitude dont ils font un si grand étalage, ils n'en ont pas d'autre. Il est bien vrai qu'ils desirent que tout soit fini avec la mort. On est bien enclin à croire ce que l'on souhaite; mais la certitude qui en résulte est de peu de durée, et donne plus d'inquiétude que de satisfaction.

CHAPITRE III.

De la Religion.

§. Ier.

Du culte divin.

La religion est une manière certaine et déterminée d'adorer Dieu. La vraie religion contient les dogmes suivans. Il y a un Etre Suprême distinctement séparé de l'univers dont il est le créateur et le conservateur; une vie à venir; le bonheur des justes;

le châtiment des méchans. Le vrai culte divin est d'être juste, bienfaisant, et de vivre exactement selon les lois. Par une telle conduite l'homme répond au but de son existence et est vraiment religieux et agréable à son créateur. Il en résulte que toute cérémonie d'un culte extérieur est vaine et inutile, que tous les rites de l'église sont même dangereux ; car ces choses nous éblouissent en nous donnant l'idée qu'elles sont des actes méritoires, qui nous dispensent d'une exacte pratique des vertus sociales.

§. II.

De la liberté des Cultes.

On doit tolérer toutes les religions. Notre constitution dit que
la liberté de penser et de publier
ses opinions est un droit inalié-
nable de l'homme. Il faut donc
même aimer ceux qui pensent autrement que nous, les plaindre et
les soulager plutôt que de les mé-
priser. Au lieu de les détester, il
faut plutôt les regarder comme
ces malades qui dans les délires de
la fièvre se croient bien portans.
Jusqu'ici la vérité seule a été en-

chainée; à présent qu'elle est libre elle chassera bientôt toutes les erreurs de la terre. Chaque secte croit que ses dogmes sont les meilleurs, chacune a la liberté de les publier. Toutes prétendent chercher la vérité, et elle sera découverte par une recherche libre et universelle. Il n'en sera aucune qui aura raison de se plaindre. Les séducteurs seront seuls mécontens ; car, quoiqu'ils jouissent encore de la liberté de mentir impunément au nom du ciel, leurs mensonges seront sans effet ; dans peu de temps il ne se trouvera personne qui voudra exercer une fonction qui a pour but de propager les erreurs et les préjugés.

§. III.

De la Révélation divine.

Il n'y a point de révélation divine. S'il y en avoit, sa marque distinctive seroit de contenir des vérités utiles au bonheur des hommes. Ces vérités seroient alors si claires, qu'elles seroient à la portée de tout le monde et n'auroient besoin d'aucune interprétation humaine; mais toutes les religions qui existent sur la terre sont obscures, sont divisées en beaucoup de sectes et contiennent les choses les plus nuisibles au bonheur de l'homme. Supposons que Dieu ait immédiatement révélé sa volonté, dans ce cas l'homme seroit un ouvrage très-imparfait de la main divine. Il seroit mis sur la terre sans savoir comment se conduire pour se rendre heureux. Dieu ne peut pas sans raison favoriser les uns et haïr les autres. Il devoit donc révéler sa volonté aux hommes de tous les pays et à des époques successives, pour la répandre par-tout, et pour conserver la promulgation dans sa pureté primitive ; mais, selon ce livre qu'on appelle la sainte écriture, il n'y a que la nation juive qui ait joui de cet avantage. Il résulte de ces reflexions que la religion chrétienne, comme fondée sur le judaïsme, a la divinité aussi peu pour auteur que la religion qui lui a servi de berceau ; mais, comme elle a été adoptée par nos ancêtres, et qu'elle est établie encore dans toute l'Europe et dans plusieurs contrées des autres parties de la terre, il est nécessaire d'examiner cet objet important d'une manière plus approfondie.

§. IV.

De l'origine des Religions.

Aussitôt qu'il exista une société sur la terre, les législateurs ou chefs du peuple ont eu recours à la voix du ciel pour gouverner les hommes. Persuadés que chaque être intelligent est pénétré d'horreur à la seule idée d'une opposition contre l'Etre suprême, ils se sont servis de cette vérité pour mener le peuple selon leurs vues. Quelques uns peut-être ont inventé ce moyen dans une bonne intention ; mais le dessein de la plupart d'entre eux a été d'asservir leurs semblables, et de les tyranniser au gré de leurs intérêts ou de leur fantaisie. Voilà l'origine de toutes les Religions

Les chrétiens n'ont eu aucun égard pour les autres croyances ; ils en ont suffisamment démontré la fausseté ; mais, empêchés par l'intérêt ou par une crainte ridicule, ils ne veulent pas examiner la leur. Nous sommes doués de la raison pour découvrir le vrai ; s'il n'étoit pas permis de nous en servir, nous courrions également risque d'employer nos yeux, notre bouche, nos oreilles, pour voir, parler, entendre, lors même que nous en aurions le plus grand besoin. Les dogmes du christianisme se trouvent dans un livre nommé la sainte écriture, dont les deux systèmes sont bien différens, l'un de Moyse ou l'ancien Testament, l'autre de Jesus-Christ ou le nouveau Testament.

§. V.

De l'Ancien Testament.

Selon l'histoire de l'ancien testament nos premiers parens Adam et Eve furent créés heureux et immortels. Ils furent placés

dans un jardin délicieux où ils vivoient en abondance, sans travail,
ayant la liberté de manger de
tous les fruits de la terre, excepté
de ceux de l'arbre de la science
du bien et du mal. Cet arbre
planté au milieu du jardin fut
défendu par Dieu. La femme sé-
duite par un serpent en mangea,
et son mari par complaisance
pour elle commit la même faute.
Les suites de cette désobéissance
furent bien funestes. Adam et sa
femme furent condamnés à la
mort et chassés de ce jardin de
délices, la terre fut maudite,
eux et tous leurs descendans per-

dirent leur état heureux. Moyse eut beaucoup d'entretiens avec Dieu où il fut instruit du culte des Israélites, qui consistoit en une infinité de cérémonies et de sacrifices tendans à expier les péchés du peuple et à appaiser la colère divine. Dieu ordonna à Josué de faire massacrer tous les habitans de Canaan pour s'emparer de leur pays. Job est livré à Satan qui le dépouille de ses biens, fait mourir ses enfans, le frappe d'ulcères par tout le corps et le tourmente de la manière la plus cruelle. David fut un homme selon le cœur de Dieu, quoiqu'il faisoit périr Urie pour épouser sa femme Bethsabée. Un ange du Seigneur tua soixante-dix mille de ses sujets, parce qu'il avoit fait le dénombrement du peuple, etc. Mais il faut observer que Moyse en parlant de la punition des premiers hommes dit qu'elle étoit seulement temporelle. Il n'y a aucun lieu de l'ancien testament où il soit fait mention de Satan ou d'un châtiment futur, excepté le livre de Job. Quatre mille années après cet événement on a interprété le serpent par un mauvais ange, et on a annoncé de même que tous

les hommes seroient éternellement malheureux à cause de la
première désobéissance. En admettant cette supposition, Dieu
seroit injuste, puisqu'il auroit
livré au malheur toute l'espèce
humaine à cause d'une seule faute
commise par deux individus. Il
auroit mieux valu punir ces deux
personnes, et créer des hommes
nouveaux. La faute étoit aussi trop
légère pour être si cruellement
punie. Comme créateur, Dieu
connoissoit les forces de son ouvrage, pourquoi donc l'exposer à
une tentation aussi funeste? Dieu
par cette action auroit contribué

lui-même à la perte de ses créatures. Si les cérémonies et le sang d'un animal étoient nécessaires pour plaire à Dieu et expier les crimes, la vertu seroit inutile. C'étoit une barbarie de massacrer tous les habitans d'un pays : les enfans du moins étoient innocens. Pour faire plaisir à Satan, Dieu lui permit de maltraiter Job, homme de la plus grande probité. Au lieu de punir David l'auteur du crime, Dieu faisoit mourir ses sujets qui étoient innocens. Le dénombrement du peuple, faute légère, s'il y en avoit une, fut puni rigoureusement, au lieu que l'assassinat et les autres crimes de ce despote furent pardonnés. Tout cela est incompatible avec les perfections divines, et répugne au sens commun ; et par conséquent les livres de l'ancien Testament n'ont pas une origine divine.

Le nouveau Testament nous dit qu'il y a trois personnes en un seul et même Dieu; que l'Etre suprême a un fils qui est venu sur la terre pour sauver l'espèce humaine par sa mort; que ce fils fut né d'une vierge, sans l'aide de l'homme, par l'opération du Saint-Esprit qui étoit la troisième personne de la Divinité. Ce prétendu mé-

diateur qu'on appelle Jésus-Christ
abolit les cérémonies de Moyse,
en y substituant le baptême et la
sainte cêne. Il voulut confirmer sa
mission divine par des miracles ;
mais il les faisoit dans les déserts
et au sein de ses disciples. Il re-
fusa même de les montrer aux
gens éclairés. Il fuyoit les grandes
villes, et venoit rarement à Jéru-
salem. Enfin il y fut emprisonné
et condamné à être pendu comme
un imposteur et perturbateur de
l'état. Sa morale est bonne quant
aux préceptes qu'il avoit puisés
dans le sens commun ; mais dès
qu'il s'en écartoit il tomboit en

erreur. Ses discours sont pleins d'énigmes et remplis de tant de confusion qu'on a eu beaucoup de peine à en faire un systême ; et voilà l'origine de tant de sectes dans le christianisme, dont chacune prétend connoître mieux le vrai sens de l'évangile. D'après lui, son but étoit de sauver les hommes et de les rendre heureux. Mais il l'a mal rempli ; car dans cette vie sa religion a causé de grands désordres, des guerres sanglantes, des divisions et des haines ; et il disoit lui-même de celle à venir, qu'il y avoit beaucoup d'appelés mais peu d'élus. Il

suivroit aussi de ce système, que
Dieu ne peut pardonner à ses foibles créatures à moins qu'il n'ex-
piât lui-même leurs fautes par sa
mort ; qu'il veut révéler sa volonté aux hommes, mais qu'elle
est si équivoque que l'on a beaucoup de peines à la comprendre ;
qu'il la confie aux seuls ignorans,
qu'il refuse de montrer ses miracles aux savans ou à ceux qui sont
capables de les examiner ; que
quelques gouttes d'eau jetées sur
la tête d'un enfant ont assez de
vertu pour améliorer sa nature ;
qu'un verre de vin et un morceau
de pain sont nécessaires pour ex-

pier nos crimes. La doctrine de Jésus-Christ a même contribué à rendre les hommes plus méchans, car les plus criminels peuvent rentrer dans la grace divine par le repentir. Il dit lui-même qu'il y aura plus de joie dans le ciel pour un seul pécheur qui fait pénitence, que pour quatre-vingt-dix-neuf justes qui n'ont pas besoin de repentance. Il vaudrait donc mieux être méchant et faire quelque pénitence, qu'être constamment vertueux. Les hommes ont malheureusement profité de cette doctrine perverse, en renonçant tout-à-fait à la pratique de la vertu. On voit bien au premier coup d'œil-l'absurdité de tout ce systême : il est indigne de l'Etre Suprême ; et par conséquent Jésus-Christ a été un homme comme un autre. Peut-être que ses intentions ont été bonnes, mais il est sans réplique qu'il a été un imposteur comme Moyse ou Mahomet. L'évangile ou les livres du nouveau Testament ne sont donc point la parole de Dieu, mais l'ouvrage de l'homme dont il faut adopter ce qui est vrai et rejeter ce qui est faux.

H

CHAPITRE IV.

Du Gouvernement.

§. Ier.

De l'état de Nature.

DANS l'état de nature les desirs de l'homme furent les seules lois auxquelles il obéissoit. La Liberté et l'Égalité furent sans bornes, car toute la terre étoit commune et nul être humain ne dépendoit de son semblable. Il n'y avoit point de possession

particulière ; car chaque individu
habitoit un lieu tant qu'il y trouvoit de quoi subsister, il le quit-
toit dès qu'un champ plus fertile
se présentoit à sa vue. Les avantages de cet état étoient si grands
que je l'appelle l'âge d'or tant
chanté par les poètes.

Depuis la première société jusqu'à nos jours la plupart des as-
sociations n'ont été que des agré-
gations. Je n'y vois qu'un maître
et des esclaves, et je ne puis m'empêcher de former le souhait que
l'homme ne fût jamais sorti de
l'état naturel. Comparons le sort
d'un homme sauvage avec celui

d'un paysan russien, hongrois, espagnol, etc. Celui-la a la liberté de changer de lieu, si le nécessaire lui manque, il a l'espérance de trouver un champ plus fertile; il cultive la terre s'il lui plait; il peut défendre le produit de son travail, ou fuir s'il est attaqué par une force supérieure. Celui-ci au contraire est enchaîné dans un très-petit terrein, où il est sans cesse surchargé d'un travail dur et pénible, où il meurt souvent de ses fatigues. Son cruel maître s'empare de tout le produit de son travail; il faut qu'il soit content de la portion qu'on juge à propos de lui laisser ; rarement suffit-elle au soutien de sa famille ; souvent il meurt de faim, ou il se voit dans la cruelle nécessité de laisser ses enfans périr de misère. Le moindre murmure l'expose à un châtiment horrible. Sa fuite est presqu'impossible, et il a même perdu toute espérance d'améliorer sa situation affreuse. En faisant cette comparaison je bénis le sort d'un Cannibale, en maudissant tous les tyrans de l'humanité qui prétendent avoir policé les nations en les asservissant.

§. II.

De la Société.

La première félicité déclinoit à mesure que le nombre des hommes augmentoit. Il leur falloit cultiver la terre, s'ils vouloient se procurer une nourriture suffisante. Toute propriété étoit passagère : une maison bâtie, un jardin cultivé aujourd'hui étoient envahis demain par une famille voisine. Le droit du plus fort rendit cet état bien misérable. Pour prévenir ces inconvéniens, plusieurs familles s'unirent et formèrent le

contrat social. Les plus sages
parmi eux proposèrent les conditions de l'association, tendantes
à protéger également la liberté
et la sureté de la vie et des biens
de chaque associé contre tout
attentat intérieur et extérieur.
Tous s'obligèrent à être soumis
à ces conditions que j'appelle les
lois de la société. Après cela, ils
élurent une ou plusieurs personnes pour veiller à l'exécution de
ces loix, ou pour se mettre à leur
tête en cas que l'état fût attaqué
par des sociétés étrangères. Le
but de toute association est donc
que chaque associé jouisse égale-

ment de tous les avantages qui en résultent. Nous en tirerons les conséquences suivantes :

1°. Que toute autorité est nulle dès qu'elle ne contribue pas également au bonheur de tous les associés.

2°. Que le peuple ou ses représentans ont seuls le droit de nommer les personnes qui exerceront la puissance exécutive, dont l'autorité cesse dès que le peuple veut la remettre entre d'autres mains.

3°. Que la législation appartient uniquement au peuple ou à ses représentans.

4°. Que les chefs de toutes les

nations, magistrats, sénateurs, rois, monarques, empereurs, quel que soit le nom qu'ils portent, ne doivent être que les exécuteurs des lois, et qu'un seul acte arbitraire, contraire au but de l'association, doit être rigoureusement puni.

Quelquefois les associés ont eu malheureusement assez de confiance en une ou plusieurs personnes pour remettre entre leurs mains et la puissance législative et la puissance exécutive, croyant que ces individus seroient assez sages et assez vertueux pour les rendre tous également heureux ;

mais un tel pouvoir a toujours été donné à condition que les chefs rempliroient un devoir si sacré, et qu'il cesseroit au cas contraire. Cette condition, quoiqu'elle n'ait pas été expressément énoncée, est une suite de toute association ; car d'ailleurs tous les associés diroient à un ou à plusieurs individus : Régnez sur nous selon vos caprices : disposez de nos biens, de notre vie et de celle de nos enfans, afin que vous et vos amis puissent vivre en abondance ; nous obéirons aveuglement à tous vos ordres, et nous serons contens quand même vous nous feriez périr de misère pendant que vous nagierez dans les plaisirs. Voilà un contrat impossible, à moins que tous les associés n'eussent perdu le sens commun. Rousseau observe avec raison que l'acte par lequel l'exécution des lois est confiée à une ou plusieurs personnes , n'est pas un contrat, mais seulement une commission ; et on conçoit clairement que le pouvoir d'un commissionnaire est nul dès qu'il ne remplit pas ses devoirs, et que nous avons la liberté de confier la commission à un autre , quand nous le jugeons plus utile à nos interêts.

§. III.

Du Gouvernement.

Le gouvernement qui est l'exercice légitime de la puissance executive, peut être confié à un seul individu. Rousseau appelle cette forme de gouvernement *Monarchie,* ou le gouvernement royal. Il peut aussi être remis entre les mains d'un très-petit nombre des associés : cette forme s'appelle *Aristocratie.* Enfin il peut être confié à tout le peuple ou à la plus grande partie des associés ; et cette forme porte le nom de *Démocratie*. Tout gouvernement doit seulement remédier aux inconvéniens de l'état de la nature, et par conséquent contribuer au bonheur du genre humain : mais dès la première société sur la terre, les chefs du peuple ont par artifice et par force abusé du pouvoir qui leur a été confié L'histoire nous apprend que l'esclavage le plus dur a été presque universel sur la terre. Çà et là on a trouvé quelques traces de liberté; mais cette divinité bienfaisante a tout d'un coup disparu, la servitude en a pris la place, et les foibles mortels

I

ont porté son joug sans espérance d'en échapper.

Toutes les formes de gouvernement jusqu'à nos jours n'ont été constituées avec assez de sagesse pour en prevenir les abus. La royauté est la pire de toutes.

1°. Il est imprudent de confier tant de pouvoir à un seul individu dont il peut facilement abuser.

2°. Une seule personne n'a ni assez de sagesse ni assez de temps pour veiller comme il faut à l'exécution des lois.

3°. Un homme éclairé et vertueux refuse d'accepter un emploi qui est au-dessus de sa ca pacité, par conséquent la royauté sera confiée à un méchant ou à un homme inepte. Ces vérités ont lieu dans un royaume électif. Le gouvernement héréditaire est encore plus absurde, car alors la puissance exécutive tombe souvent entre les mains d'un Néron, d'un enfant ou d'un imbécille.

La puissance exécutive étant confiée à un seul individu qui en dispose selon les lois, cet individu s'appelle *Roi* ou *Monarque*. Quand il règne à sa fantaisie, il porte le nom de *Despote*. Depuis l'existence des rois on n'en a jamais vu un seul qui ait exactement suivi les lois. Un véritable roi est donc un être chimérique qui n'a pas existé sur la terre. Ils ont tous sans exception été despotes, mais les degrés du despotisme sont différens.

En Turquie le Sultan peut disposer de la vie et des biens de ses esclaves, faire étrangler ou décapiter quiconque lui déplaît, depuis le visir jusqu'au mendiant, sans que l'on sache pourquoi.

En Russie il y a quelques ordres arbitraires imprimés qui portent le nom de *Loi*; mais l'impératrice et les gouverneurs de provinces ordonnent souvent aux juges de les éluder ; quelquefois les accusés sont déportés en Sibérie, ou décapités par une simple lettre de cachet. Euler, mathématicien célèbre revenu de Pétersbourg, s'obstina long-temps à se taire, et sur des instances réitérées de dire la raison de son silence opiniâtre; il répondit enfin : Je viens d'un pays où l'on perd la tête quand on parle.

La Russie est aussi grande que toute l'Europe ; mais il n'y a pas un pouce de terre qui n'appartienne à l'impératrice ou à la noblesse, excepté les terres de quelques riches négocians qui ont acheté le droit de les posséder. L'esclavage est si grand, qu'un gentilhomme pour un beau cheval peut donner en échange à son voisin dix garçons et dix filles, sans leur demander s'ils veulent changer de maître. Selon les lois il n'a pas droit de faire pendre ou décapiter ses paysans, mais il peut sans risque les faire fouetter jusqu'a ce qu'ils perdent la vie.

Il en est presque de même dans l'Autriche, principalement en Hongrie et dans la Bohême. En Espagne et en Portugal, le peuple est tyrannisé par le despote, la noblesse et les prêtres. Ces derniers font brûler tout individu dénoncé comme hérétique, quelquefois parce qu'il a parlé de la religion, mais plus souvent afin qu'ils puissent s'emparer de ses biens. En Danemarck et dans la Prusse il y a quelqu'espèce de lois moins iniques; mais les despotes ont un pouvoir absolu dont l'action détruit tout l'avantage qui pourroit en résulter. Il est digne de remarque, que les Danois sont pour le présent les moins opprimés, par la raison que le despote d'aujourd'hui est un imbécille; de sorte que le gouvernement est dirigé par un conseil des ministres d'etat. Parmi eux le hasard leur a fait trouver Bernstorff, homme de probité, qui fait tous ses efforts pour soulager le peuple. Mais on semble oublier que cela est un bonheur passager qui dépend de la première intrigue , et qui peut finir avec sa vie. Au reste ce ministre est souvent contrarié par les méchans, de sorte que l'on se permet encore beaucoup d'actes de violence dans ce pays , et à chaque instant il est près de retomber dans le plus dur esclavage. L'Angleterre , la Suéde , la Hollande sont des gouvernemens mixtes

on un mélange de despotisme et
d'aristocratie, car le stadthou-
der est aujourd'hui un véritable
despote. Les lois dans ces pays
sont iniques, et tendent uniquement à favoriser la noblesse et
les riches. Les pauvres sont sur-
chargés d'impôts; par exemple
en Angleterre, le pain, la bierre,
et tout ce qui est de la première
nécessité est chargé de tant de
taxes, qu'un simple ouvrier vi-
vant de son travail journalier
payé annuellement plus de 17 livres sterling en impositions indi-
rectes, de sorte qu'il ne peut rien
épargner pour la vieillesse et qu'il

est obligé de périr à la fin de misère, s'il ne lui préfère le métier
d'assassin ou de voleur. La diffé-
rence du plus au moins ne doit pas
nous empêcher de dire que dans
tous ces pays la vérité est bannie,
la vertu méprisée et souvent per-
sécutée, la justice vendue au plus
offrant, et que la misère publique
augmente de jour en jour. Le
despote s'occupant uniquement à
augmenter ses revenus, les aristocrates s'efforçant au contraire
de diminuer leurs impositions, le
peuple seroit à la fin obligé de
fournir à toutes les dépenses de
l'Etat si ces gouvernemens fu-

nestes duroient plus long-temps.

§. IV.

De l'Aristocratie.

Le gouvernement porte le nom d'Aristocratie quand il est confié à un très-petit nombre des associés ; mais cela suppose que, tout le peuple ayant une fois accepté et approuvé leurs lois , ces aristocrates n'en seroient désormais que les exécuteurs , et que leur autorite cesseroit dès que le peuple voudroit la remettre entre d'autres mains. Mais une telle aristocratie n'existe pas. Un ari.-

tocrate d'aujourd'hui veut qu'un très-petit nombre vive en abondance et soit heureux aux dépens de tout le peuple. Un égoïste desire être heureux, fût-ce même aux dépens de tous ses concitoyens. Chaque aristocrate est un égoïste, mais comme il trouve trop d'obstacles pour parvenir seul à tous les avantages de l'association, il aime mieux les partager avec un très-petit nombre. Il y a une telle aristocratie dans les républiques de Venise, de Gènes et dans plusieurs cantons de la Suisse. Ces formes de gouvernement sont bien préférables au despotisme ; mais depuis que les sénateurs ont tout-à-fait usurpé la puissance législative, leurs lois sont devenues partiales, et ne tendent qu'à assurer leur propre avantage aux dépens du peuple. Ils ont rendu leur dignité héréditaire et permanente dans leurs familles, par conséquent le peuple est opprimé sous le gouvernement aristocratique presqu'autant que dans le despotisme même. Rousseau disoit avec raison : *L'homme est né libre, et par tout il est dans les fers.* Une vérité aussi funeste nous accableroit de douleur, si nous ne nous consolions par l'espérance que cette tyrannie universelle touche à sa fin. Les Anglais, les Suédois, les Danois, les Hollandais et la plupart des Allemands commencent à s'éclairer. Ils attendent avec impatience un moment favorable pour secouer leur joug insupportable. Leur exemple réveillera les autres nations de leur dangereuse léthargie, et une félicité universelle renaîtra sur la terre.

§. V.

De la Démocratie.

Selon Rousseau, la Démocratie existe quand la puissance exécutive est remise entre les mains de tous les associés ou de la plus grande partie du peuple ; mais je la définis une forme de gouvernement si sagement constitué que tous les associés jouissent également de tous les avantages de l'association. Dans ce sens elle est synonyme avec la République qui signifie *Chose publique*. Depuis l'existence des gouvernemens, il n'y a eu que trois démocraties qui ont mérité de porter le nom de République. Car les Ilotes étoient esclaves même à Lacédémone, et à Rome il régnoit tant d'inégalité que le peuple y étoit divisé en six classes, dont chacune jouissoit de différens priviléges. La classe la plus pauvre étoit exclue de tout droit de citoyens. En un mot, toutes les Républiques tant anciennes que modernes, excepté la France, Genève et les États libres d'Amérique n'ont été que des aristocraties indignes du nom de République, parce qu'elles favorisoient un très-petit nombre de citoyens. Les Américains libres sont les premiers Républicains qui aient existé sur la terre ; et quoique leur constitution ne soit pas aussi parfaite que celle des Français et qu'elle ne prévienne pas encore tous les abus, elle est pourtant la meilleure de toutes celles qui l'ont précédée. Genève a suivi l'exemple des Français et vient daméliorer la sienne. Une constitution qui a pour but de rendre tous les citoyens également heureux ne peut être haïe que par les méchans. Elle sera chérie de tout homme éclairé et vertueux.

Quelle gloire pour la Nation Française d'avoir défendu la Liberté contre tous les monstres de l'humanité! Son nom sera chéri et béni tant qu'il existera des vertus sur la terre.

CHAPITRE DERNIER.

Sur la situation de la République.

CE petit traité fut écrit au mois Vendémiaire de l'année passée, mais par quelques obstacles imprévus, l'impression en a été retardée jusqu'à présent. Pendant cet intervalle, la situation de notre République naissante a subi sous tous les rapports des changemens favorables. Je vais donc en donner un aperçu, en disant en même temps quelques mots sur ce qui nous reste à faire pour bien finir la plus belle révolution qui se soit opérée sur la terre. Si tous les vrais républicains qui desirent vivre sous le règne des lois, ont gémi, il y a un an, de mille maux les uns plus grands que les autres, ils vont aujourd'hui se livrer à une joie pure et céleste, car ils ne sont plus ces jours sombres où la République étoit à deux doigts de sa perte. Au Nord, au Midi, aux Pyrénées, aux Alpes, les armes de nos ennemis étoient triomphantes; plusieurs Départemens, Lyon, Marseille etoient en pleine révolte, les rebelles de la Vendée vainqueurs, Toulon vendue aux Anglais, Bordeaux et toutes nos villes maritimes sur le point de l'être ; nos généraux nous trahissoient par-tout ; nous courions risque de périr par la famine ; les mécontens de l'intérieur levoient de toute part leur tête audacieuse et se réjouissoient déja de nous voir succomber sous le fardeau de tant de malheurs réunis.

Aujourd'hui les satellites des Tyrans coalisés fuient par-tout devant nos braves défenseurs. Tout le territoire de la Liberté est nettoyé de ce ramas de brigands qui l'infestoient par leur présence odieuse. Notre abondante récolte, les approvisionnemens faits par notre marine ou par les peuples neutres, et douze cents mille hommes bien aguerris sont des ressources plus que suffisantes pour nous tranquilliser sur le sort de la Liberté. D'un autre coté nos ennemis s'épuisent tout-à-fait en hommes et en argent. Ils sont las de continuer une guerre où il n'y a rien à gagner, mais tout à perdre. Ces esclaves qu'ils peuvent encore forcer de marcher contre nous sont sans expérience. Leur detresse est si grande qu'ils sont obligés de vendre leurs troupes à l'Angleterre, et les Anglais même ne peuvent souffrir plus long-temps que leur despote ruine leur patrie et leur commerce uniquement pour satisfaire à l'ambition d'un Pitt. Par-tout l'indignation des peuples prépare et mûrit l'explosion que leurs longs malheurs et les crimes de leurs despotes rendent désormais inévitables.

Ces troubles que nous avons eus dans l'intérieur de la République ont heureusement tourné à notre profit. La trop grande

influence de Robespierre con-
firme de nouveau cette grande
vérité : Une nation ne peut être
heureuse sous le règne d'un seul
ou sous celui de quelques individus. Abandonnons tout esprit
de parti. L'homme dévie de la
route qui mène au port de la
tranquillité publique au même
instant qu'il espère trouver des
partisans. Que la Représentation
nationale soit dans tous les temps
notre unique point de ralliement
et tout ira bien. Ne nous laissons
jamais séduire par la magie des
réputations ou par l'influence de
ces hommes plus brillans que

vrais, plus emportés que purs, qui par imprudence ou par malice font des motions extravagantes ou publient des écrits qui n'ont que le mérite criminel de semer des haines et des divisions parmi les citoyens. C'est à la majorité de la Représentation nationale, c'est à ses décrets qu'il faut obéir. Toutes les fois que ses membres peuvent librement énoncer et motiver leurs opinions, elle ne manquera jamais de se décider pour le meilleur parti. Éclairons les citoyens égarés, il ne faut pas les repousser s'ils veulent se réunir à nous. La

Liberté est pour tout homme qui veut être libre. N'oubliez pas non plus cette autre vérité : L'homme ne peut tout d'un coup être aussi parfait qu'il le deviendra par le nouveau système que nous avons établi. Soyons tous unis, humains et vertueux, et la prospérité publique renaîtra parmi nous. Le bonheur et la tranquillité dans l'intérieur de la France sont les seuls moyens sûrs pour renverser les trônes des Tyrans et briser leurs sceptres odieux et pour conduire l'essence humaine si long-temps vexée par le despotisme vers cette félicité pour laquelle

elle est créée et que les vertus sociales et domestiques peuvent seules lui assurer.

FIN.